MATHIS ACADEMY
Autiste scolarisé à domicile

Ruthy Azzopardi

MATHIS ACADEMY
Autiste scolarisé à domicile

GS et CP

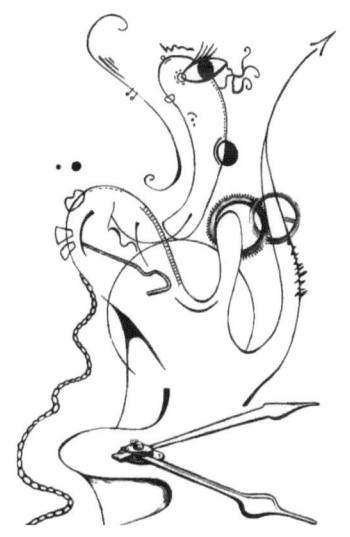

© 2019 Ruthy Azzopardi

Édition : BoD - Books on Demand
12/14 rond-point des Champs-Elysées, 75008 Paris
Imprimé par Books on Demand GmbH, Norderstedt, Allemagne

ISBN : 9782322134236
Dépôt légal : octobre 2019

Auteure : Ruthy Azzopardi
Présidente de l'association Hashtag Autisme, France
Parente, aidante et enseignante, spécialisation Autisme

Relecture et correction : Frank Février, secrétaire de l'association Hashtag Autisme

Couverture : Ruthy Petillantist - « Angel », encre sur toile 50 x 125 cm (détail)

À tous les enfants différents.

Jean de La Bruyère a écrit : « Les enfants n'ont ni passé ni avenir ; et ce qui ne nous arrive guère, ils jouissent du présent. »
Apprends-moi ton présent mon fils, mon ange, que je puisse lire ta pensée, amplifier tous mes sens, et régler mon horloge.

Introduction

Welcome to Mathis Academy. Installez-vous confortablement, la séance va commencer. Loin d'être une fiction américaine addictive dont l'intrigue s'inspire d'un *comics*, cet ouvrage n'en sera pas moins intéressant.

Le scenario : Mathis, jeune autiste modéré non verbal, rejeté par le système scolaire traditionnel à 5 ans, se retrouve à la rue. Enfin, pas vraiment, il est juste chez lui, contraint d'apprendre comme tous les autres élèves.

Face à sa mère et aux exigences d'un programme de petit soldat, saura-t-il se faire comprendre ? À un début de grande section de maternelle musclé et bruyant, aux scènes d'action à couper le souffle, succédera une année de CP héroïque.

Cet ouvrage est le compte-rendu de l'expérience de Mathis. J'espère qu'il vous sera utile, à vous parents d'enfants différents. Je suis l'auteure de Mathis Academy et joue le rôle de maman, aidante, enseignante, productrice, scénariste, réalisatrice, technicienne et scripte. Oui, bon, c'est une série à petit budget.

Super-héros de configuration cérébrale différente, atypique et parfois mystérieux, ce petit cerveau sur pattes hyperactif a souvent testé les limites de son enseignant (terme générique et raccourci pour me désigner), le contraignant à s'adapter.

Ne lui demandez pas de formuler une demande ou de répondre à une question, c'est encore difficile ; mais laissez-le avec un clavier d'ordinateur, et vous resterez bouche-bée.

Sa passion : les montages vidéo et films d'animation. Effets sonores et visuels garantis à tous les étages. Ses atouts : il possède une fabuleuse mémoire et l'oreille absolue active. En revanche, la psychomotricité fine (pince, tenue du stylo) et globale (parcours ou activités sportives) n'est vraiment pas sa priorité.

Je n'ai pas ici l'intention de révolutionner les méthodes d'apprentissages adaptées aux autistes et largement pratiquées en France. Citons les méthodes PECS, MAKATON, ABA, TEACCH, méthode des 3i, la pédagogie Montessori ou même la langue des signes. Bien au contraire, si votre enfant est suivi par un éducateur spécialisé dans l'une de ces méthodes et qu'il en retire des effets bénéfiques, ce ne sera que positif pour l'école à la maison.

Je ferai « parler » Mathis, au fil des pages, parce qu'en tant que parent d'un enfant non verbal, c'est tout ce qu'on espère : qu'il verbalise ses émotions, ses douleurs, ses difficultés ou ses envies. Alors oui, « je me suis fait plaisir », Mathis parlera durant ces quelques pages.

Il vous racontera ses difficultés et les adaptations de son enseignant au cours de sa scolarisation en grande section de maternelle à domicile, puis de son CP au CNED.

Nos enfants autistes ont des choses à nous dire : écoutons-les, non pas avec nos oreilles, mais avec nos yeux. Observons-les. Quelle est la normalité neuro-atypique de notre enfant ?

Mathis Academy est un fil conducteur, mais fait avant tout appel au bon sens de son enseignant. Chaque enfant fonctionne différemment, et qui plus est, nos enfants autistes. Tout n'est pas applicable dans votre cas, mais peut être nuancé, aménagé, réfléchi autrement. Bonne lecture, et bon lâcher-prise.

PARTIE I - Qui suis-je ?

Je suis né le 30 juillet 2012, à Toulouse, et je m'appelle Mathis, Angel.

Le diagnostic : 6 juillet et 6 novembre 2015, deux neurologues, un seul verdict à l'aube de mes trois ans.

Mes parents s'en doutaient, le pressentaient, mais il leur faut du temps pour l'entendre et l'assimiler, ce diagnostic.

A l'époque, ils disent que j'ai des TED (Troubles Envahissants du Développement : mais jusqu'où vont-ils m'envahir, est-ce une maladie dégénérative, etc.), puis des TSA (Troubles du Spectre Autistique : expression modernisée qui plonge encore plus dans le flou artistique).

Très rapidement, mes parents se posent cent mille questions sur la suite. Il faut oublier les « tu crois ? ça ne se voit pas pourtant ! », « tout va rentrer dans l'ordre rapidement, c'est rien ! », « il n'est pas très autiste quand même », « autiste ou non, c'est une question d'éducation propre à chacun », et j'en passe, qu'on a entendus venant d'un entourage subitement spécialiste en autisme.

JE SUIS AUTISTE.

Le diagnostic tombe à l'aube de mes 3 ans, donc.
Puis le 18 juillet 2016, le CRA (Centre Ressources Autisme) de Toulouse m'évalue, via l'ADOS, (Autism Diagnostic Observation Schedule), un outil de confirmation diagnostique spécifique à l'autisme et aux troubles apparentés. On m'attribue un autisme modéré sans déficience intellectuelle.

1 - Voyage vers l'inconnu : le côté obscur de la force

Je suis un nourrisson très nerveux et insomniaque qui pousse très souvent des cris perçants, la nuit comme le jour. La pédiatre ne s'inquiète pas, elle dit de me laisser crier.

Retard en psychomotricité

A l'âge de 10 mois, je ne sais pas me déplacer en rampant ou à quatre pattes. De nombreuses séances de kinésithérapie m'aident jusqu'à mes 4 ans, puis on enchaîne sur les séances de psychomotricité fine et globale jusqu'à aujourd'hui.

En voiture, je ne supporte pas les ralentissements, stop ou feux rouges. J'entame immédiatement une crise de hurlements violents à me faire péter les veines du cerveau.

Régression du langage

A 18 mois, mon élan pour communiquer s'évanouit.
« Papa », « maman », c'est terminé, plus rien ne sort de ma bouche à part des cris. Je ne marche de façon autonome qu'à 23 mois. J'ai les pieds plats, et les articulations hyperlaxes (la pointe de mes pieds peut toucher mes tibias).

Choix alimentaires en peau de chagrin

A 2 ans, je ne sais toujours pas mâcher, j'avale les aliments, vomis si la substance me repousse, et reste très restreint dans mon alimentation.

Comportements inattendus

Vers 20 mois, je ne supporte toujours pas les ralentissements, arrêts au stop ou au feu tricolore, en voiture. J'entame immédiatement une crise de hurlements violents à me faire péter les veines du cerveau.

Je ne pointe toujours pas du doigt. Anecdote, à cette âge-là, j'adore être pris en photo.

L'heure de la toilette : un calvaire

Le moment de la toilette est une agression, je ne supporte pas l'eau sur mon corps. Il faut me maintenir pour éviter que je tombe, glisse ou me blesse. J'ai d'ailleurs une force impressionnante quand mon corps rejette une « agression ».

Situation nouvelle : état de transe

Devant la nouveauté, je tremble, gémis, m'agite, et me raidis.

Le jeu : un concept totalement étranger

Je peux rester des heures dans mon parc ou ma poussette, une petite voiture à la main, en faisant rouler inlassablement les roues avec les doigts.
Je ne partage pas, ne joue pas et le contact oculaire est très fugace. D'ailleurs, ma maman peut rester de très longs moments à jouer seule aux cubes, petites voitures, etc., en faisant des bruits, des mises en scènes, mais j'observe de loin. Je préfère jouer avec l'aspirateur ou le balai.

Le langage : cris à volonté

Je m'exprime en onomatopées, en cris et ne réponds à aucune communication verbale. Je ne « m'intéresse à rien », me mets les mains sur les oreilles, me balance d'un pied sur l'autre en faisant du *flapping* (battements de bras comme un papillon), aime marcher très souvent sur la pointe des pieds.
Je passe un examen auditif. Mon hyperacousie est avérée. L'année de mes 3 ans est mouvementée et éprouvante pour ma condition physique : otites et angines couplées à répétition, crises d'autisme et passages aux urgences.

Troubles du sommeil et du transit

A 4 ans, je ne vais que très épisodiquement en classe, car mon sommeil est trop perturbé. Je suis fatigué et trop agité.

Je peux rentrer dans certains apprentissages mais le corps enseignant n'arrive pas à évaluer mon niveau. J'ai du mal à accepter les contraintes. Les tests normés d'école (GEVASCO) me classent en case C, D ou sans objet : activités réalisées avec difficultés régulières, activités non réalisées.

La propreté n'est pas acquise

Je ne sais pas mettre un manteau ou m'habiller seul, mais j'arrive maintenant à boire au verre.

Postures improbables

J'ai toujours des postures « improbables » : j'aime être couché avec les jambes relevées à 90° le long d'un mur, un canapé, ou dans le vide, ou encore faire le grand écart. Je déteste être assis.

Propreté

A 6 ans, je porte toujours des couches. Le pipi est acquis, mais pour le reste je ne sais toujours pas comment faire.

Je m'ouvre un peu plus au monde extérieur, et décuple les périodes d'hyperactivité et de « découvertes ».

Je suis scolarisé à la maison.

Suite à des séances de réflexothérapie, j'ai pu stabiliser mon sommeil et mon transit. Je me sécurise toujours par la répétition (passage en boucle de bandes-annonces, de musiques, de sons, etc.)

Je ne communique pas pour dire où j'ai mal, si j'ai faim ou soif, ce que j'ai fait à l'école (quand j'y allais), si j'ai des copains, si je suis content de ma sortie du jour, ce que j'aime ou n'aime pas faire, si je suis content de revoir un proche qui s'est absenté quelques jours, etc.
A l'âge des raisonnements et des « et pourquoi maman ? », on stagne au « non, non, non » (ceci dit, c'est une victoire car le non a remplacé le cri de protestation).

A 5 ans, je ne descends pas les escaliers un pied après l'autre, ne sais pas me moucher, ne sais pas souffler, mange avec mes mains, ne tiens pas assis à table plus de 15 secondes, fais toujours du *flapping* en me balançant et arrive tout juste à dire « maman » pour jouer à appeler (sauf que lorsque j'ai vraiment besoin d'aide, je ne le fais pas).

Mais que sais-je faire d'autre ? Comment est-ce que j'utilise ma configuration cérébrale ?

2 - Voyage vers l'inconnu : capacités surprenantes

Passons maintenant à l'autre aspect de mon autisme.

Certes, la communication verbale est absente, mais à deux ans et demi, je réécris sur un clavier d'ordinateur et de mémoire, des mots comme XYLOPHONE, GUITARE ou WAGON.

A 3 ans, ma passion pour l'anglais se révèle. Je connais l'alphabet en français et en anglais, me souviens de votre code d'accès de téléphone ou mot pour mot de l'histoire que vous m'avez lue deux fois. Je réalise des puzzles de cent vingt pièces.

A 4 ans, je nomme des animaux ou objets (chat, chien, poissons, chaussures...) en anglais.

A 5 ans, je sais compter jusqu'à cent en français et en anglais.

Et à 6 ans, je surfe sur You Tube pour regarder des vidéos explicatives, apprendre à faire du montage vidéo, télécharger des logiciels, faire des captures d'écran et les convertir pour les importer. Ensuite je réalise mes propres montages vidéos avec effets spéciaux visuels et sonores, les sauvegarde et les exporte sur ma propre chaîne vidéo en ligne.

Pendant ce temps, mon anglais se parfait.

Maintenant, je laisse la parole à ma mère.

3 - Parcours du combattant : pourquoi ?

Avoir à sa charge un enfant handicapé n'est pas comparable à l'éducation d'un enfant dit « normal » ou typique. On n'a pas besoin d'apprendre à un typique à mâcher, souffler, courir, sauter, etc. Cela arrive naturellement, par « instinct », car son schéma cérébral est configuré comme un typique.

Pour un enfant autiste, l'apprentissage de tout acte banal devient un parcours du combattant. Voici un échantillon d'exemples du quotidien :

- lui couper les cheveux ou les ongles (cris, course-poursuite, et clés de judoka)
- le laver,
- aller faire les courses,
- essayer/acheter de nouvelles chaussures,
- sortir se promener, aller au restaurant, partir en vacances,
- passer une soirée entre amis à l'extérieur de la maison,
- aller chez le médecin (attente ingérable, consultation « musclée » et être à deux adultes pour le maintenir),
- périodes d'hyperactivité où il est capable en cinq minutes d'enchaîner une dizaine de bêtises ou actes le mettant en danger. Il m'occupe dans un coin à réparer une bêtise pour aller de suite en faire une autre ailleurs et ainsi de suite. Il peut m'enfermer, ouvrir les tiroirs et tout sortir, prendre le téléphone et appeler, se colorier le visage, les mains, les vêtements et les draps la nuit, jouer avec ses excréments, les étaler sur les murs et mettre ses mains à la bouche, se cacher dans le noir et ne pas répondre, vouloir se saisir d'objets cassants ou dangereux, repérer où on cache les clefs et vouloir sortir, etc.

Une autre partie très chronophage, énergivore, et psychologiquement très éprouvante, c'est la partie gestion administrative et institutionnelle, sans oublier :
- les remarques désobligeantes des ignorants croisant notre chemin,
- les rendez-vous en semaine chez l'orthophoniste, la psychomotricienne, l'éducateur spécialisé, le kinésithérapeute, le réflexologue et autre (éveil musical).

Parmis les joyeusetés, citons :

- six à dix mois d'attente pour un rendez-vous spécialisé chez un neuropédiatre,
- six mois d'attente pour un rendez-vous en pédopsychiatrie au CRA de Toulouse,
- six mois de suivi et de rendez-vous avec psychologue et éducateur du CRA dans le cadre d'une guidance parentale avec un bénéfice NUL : au-delà d'une aide psy, nous avons surtout besoin d'une aide PRATIQUE, de conseils pour concrètement aider notre enfant à améliorer son sommeil, son cadre de vie, ses apprentissages…,
- perte du dossier MDPH (vingt-cinq pages à re-photocopier et à réenvoyer),
- sept mois de délai pour le traitement du dossier MDPH et autant pour obtenir une AVS à l'école (et encore seulement douze heures par semaine et le reste du temps : interdit d'école !) ,
- rapport ADOS du CRA arrivé en février, soit sept mois après le test de juillet, avec erreur sur l'identité du patient : on a reçu le rapport d'un autre enfant (non autiste),
- trois AVS différentes en trois mois,
- des GEVASCOL « musclés » : réunion de l'équipe éducative avec psy scolaire, directeur école, maîtresse, AVS et moi pour faire le point sur la scolarité de Mathis,

- un manque de compréhension, d'adaptation, d'inclusion et des propos inconvenants de la part du corps enseignant de Mathis (« il n'ira jamais en CP », « nous avons atteint nos limites », « il perturbe les autres élèves »)

- quinze minutes interminables au téléphone avec le médecin de l'Académie, en direct du bureau du DASEN, pour se justifier, répondre à un interrogatoire et faire ses preuves de bonne mère afin d'obtenir la gratuité de l'école à domicile en CP réglementé au CNED.

4 - Orientation scolaire : un choix s'impose

Comment faire comprendre au corps enseignant que, certes, il ne tient pas en place (hyperactif), réalise une activité en trente-cinq secondes chrono, ne reviendra jamais sur une activité déjà réalisée, mais qu'il a de formidables autres points d'appui.

Comment leur dire qu'on ne peut pas l'évaluer en milieu scolaire comme n'importe quel autre enfant de sa classe, avec un test normé qui le classifiera définitivement dans une case d'incapacité.

Mission impossible.

Le CP approche, il faut faire des choix pour Mathis.

On nous propose, un an avant son entrée au CP (donc en début de GS de maternelle) des tests de QI de type WISC : s'il réussit, il ira en CP l'année prochaine dans l'établissement scolaire qu'il fréquente et s'il échoue, il faudra penser à une autre orientation pour Mathis.

Ces tests (WISC) que l'on nous propose sont totalement inadaptés aux autistes, car ils se basent essentiellement sur la communication verbale, et les psychologues scolaires ne sont pas formés aux TED (Troubles Envahissant du Développement).
Encore une équation à 100 000 inconnues, un échec en vue pour Mathis, et un goût amer pour nous.

Cela reviendrait à sous-estimer le QI d'un sourd, parce qu'il ne parle pas.

Faut-il donc trouver un psychologue formé aux TED, pour prouver au corps enseignant qu'il est capable de suivre sa scolarité ? Malheureusement oui, si nous voulons qu'il reste scolarisé, et non, pas forcément, si nous suivons une voie éducative parallèle.

En attendant, je scolarise Mathis à domicile en novembre 2017 (après deux mois de GS), et lui concocte un programme adapté de GS de maternelle.

Bienvenue à Mathis Academy, saison 1.

Ensuite, l'année suivante, pour la saison 2, nous optons pour l'instruction à la maison, via le CNED en CP ASH réglementé.

C'est une organisation titanesque, une énergie de folie, un papa et une maman à mi-temps, une dépense de deux heures par semaine en soutien scolaire à domicile pour nous aider, mais Mathis a CONFIANCE EN LUI et a amélioré de façon très significative sa CONCENTRATION et sa psychomotricité fine. Il apprend des poésies, sait lire, écrire et compter.

La saison 3 est en vue, et nous continuerons à la maison le CE1.

Ne doutez pas de vous, ou de votre enfant. Observez-le, étudiez ses comportements et adaptez-lui votre approche.

Voici le très intéressant témoignage de Josef Schovanec, adulte autiste et auteur de nombreux ouvrages.

Dans *Je suis à l'Est*, à la page trente et une de son ouvrage, il déclare :

« A la fin de mon année de grande section, tout le monde, à commencer par la maîtresse, voulait que je redouble parce que je n'avais pas du tout les compétences requises pour passer au CP. »

Il ajoute : « Rétrospectivement, je me dis que si on avait attendu que je les acquière, je serais peut-être encore en maternelle. »

Aujourd'hui, diplômé de Sciences-Po, docteur en philosophie, Josef maîtrise une dizaine de langues, mais n'a pas parlé avant l'âge de 6 ans. A 8 ans, il était capable de présenter un exposé d'astronomie mais restait presque inapte au discours social.

Un peu plus loin, il ajoute :

« Je crois que l'apprentissage des règles sociales peut s'efffectuer comme celui d'une langue étrangère. Au début, vous avez beaucoup de mal, l'apprentissage est complètement artificiel. Petit à petit, vous gagnez en aisance. Vous pouvez avoir un prix Nobel et ne pas savoir dire bonjour de manière socialement adaptée. On peut comparer une personne avec autisme qui a appris des codes sociaux, à un comédien. Tenir en représentation est une source de stress et de fatigue. »

Paroles de Josef Schovanec, *Je suis à l'Est*

« Un enfant avec autisme, contrairement à une opinion répandue, fait de réels efforts pour être intégré dans le groupe. Il ne faudrait pas croire qu'il est seul parce qu'il veut être seul, ou parce qu'il est dans sa bulle (...).Une telle croyance est confortable, puisque à nouveau, elle impute la responsabilité de tout ce qui se passe à la personne handicapée. » p.37.

« L'un des meilleurs moments, toujours vu avec le recul, fut ce jour où ce psychiatre m'a proposé de me placer dans un institut des jeunes aveugles. » A la question pourquoi, il a répondu « parce que vous ne me regardez pas dans les yeux. » p.100.

« Un professeur d'Einstein avait énoncé la fameuse sentence : de cet enfant, jamais rien de bon ne surgira. Aujourd'hui, tout le monde essaye de récupérer Einstein pour illustrer sa cause. » p.133.

« Parfois on dit que les personnes avec autisme ne vivent pas dans un univers mais dans un plurivers, pour rendre la quantité de détails qu'ils perçoivent, les idées et sensations, qui leur sont évoquées. » p.133.

« Une théorie très ancienne prétend que les autistes n'auraient pas de vie émotionnelle, ou alors assez pauvre. Les personnes avec autisme ont une vie émotionnelle comme tout le monde. Je suis frappé, quand je rencontre des jeunes avec autisme qui sont poètes, par la richesse qu'ils savent mettre dans un texte. Après tout, quand on lit les biographies des grands auteurs, des grands peintres, on peut se poser maintes questions, tant on retrouve des éléments bien connus. » p.140

PARTIE II – Mathis Academy, saison 1 – La GS de maternelle

I - Le contexte de travail

1 - Ma configuration et les solutions de mon enseignant

Mon enseignant s'est intéressé, entre autres, aux travaux du professeur Laurent Mottron. C'est un psychiatre, professeur titulaire au département de psychiatrie de l'Université de Montréal et chercheur national du Fonds de recherche en santé du Québec. Il est titulaire de la Chaire de recherche Marcel et Rolande Gosselin en neurosciences cognitives de l'autisme de l'Université de Montréal depuis 2008. Ce chercheur défend une autre vision de l'autisme, non seulement comme une série de déficits qu'il faut compenser, mais comme des forces à exploiter dans un processus éducatif. Il pense que les interventions précoces auprès de nous, autistes, consistant à nous entraîner aux compétences sociales pour nous rapprocher de la norme et ainsi gommer nos signes autistiques, revient à ne pas tenir compte de notre fonctionnement particulier.
Ce qui a motivé mon enseignant dans l'approche de ma scolarité tient en ces quelques lignes tirées de son ouvrage *L'intervention précoce pour enfants autistes* :
« Ainsi pour le développement des apprentissages, il ne faut pas chercher à développer des prérequis pour qu'ils puissent apprendre. Des enfants autistes non verbaux pourront très bien savoir lire avant même de développer leur langage oral, si toutefois ils le développent. Il ne faut donc pas à tout prix vouloir développer leur langage verbal, il faut suivre leur développement atypique et leur intérêt pour les traces écrites et visuelles, alors même qu'ils ne parlent pas. Il faut tenir compte de leur calendrier développemental qui n'est pas le même que celui des enfants typiques. »

Parlons maintenant de ma configuration, et de l'adaptation de mon enseignant.

a) approche pédagogique

La manipulation de feuilles d'exercices, ou morceaux d'exercices est un peu chaotique, à mes débuts. J'ai des gestes brusques et j'ai tendance à les chiffonner ou à les déchirer.
Adaptation : on plastifie (presque) tous les supports qui doivent resservir lors de prochaines séances d'exercices. Détail important, comme je ne mesure pas la force de mes gestes, il faut bien veiller à arrondir les angles pointus des supports plastifiés.
Mon enseignant prévoit toujours une à deux copies d'un support imprimé et non plastifié : je suis parfois un peu coquin, et décide de saboter très rapidement l'ouvrage avec le feutre ou le stylo que j'ai à disposition.

Autre détail très important, je ne peux pas voir si l'exercice est dans une pochette transparente ou un trieur. Cela me gêne. Trop de reflets.

D'une façon générale, je n'aime pas forcément qu'on me dise ce que j'ai à faire, ou bien qu'on tente de m'expliquer pendant des heures un exercice. J'exagère, mais l'intensité du désagrément est telle que cela me fatigue, je perds très rapidement ma concentration, je m'agite, cours dans tous les sens et vais me réfugier sur mon lit.
Adaptation : mon enseignant pose le travail sur la table, et me laisse approcher (ça peut demander longtemps), regarder, observer. Il me dit « À toi de jouer, maintenant ! »
C'est OK, j'ai compris ce qu'il attend de moi, il y a suffisamment d'éléments sur la table pour conclure qu'il veut que je dénombre, classe, trie ou relie des étiquettes.
Si je ne vois vraiment pas, je pars en courant. Deux solutions, il m'explique rapidement ou on passe à autre chose.

Je n'aime pas être assis. Je préfère rester debout devant un tableau blanc, un bureau ou carrément couché sur mon lit.
<u>Adaptation</u> : mon enseignant suit le mouvement, du moment que je suis ouvert à l'apprentissage. Bien sûr, il me propose régulièrement une position « normale » de travail.

Je ne rentre pas dans les apprentissages, mais est-ce à moi d'essayer de te « déchiffrer » ? Est-ce à moi de m'adapter à ton langage « insensé » ? Aurais-tu des troubles d'enseignement ? As-tu la bonne approche ? Observe-moi. Trouve-moi une méthode et je vais t'étonner.

Certaines notions qui vous paraissent tellement évidentes, n'ont, pour moi, absolument aucun sens.

Donc, ne vous fatiguez pas, ne vous énervez pas, n'insistez pas, et passez à autre chose. Je suis sûr qu'entre-temps, vous trouverez une approche plus simple.

Un jour, la connexion entre ce que je sais déjà et un nouvel élément se fera, et là, cette notion aura un sens.

N'oubliez pas non plus que, parfois, des éléments extérieurs peuvent perturber notre attention : un reflet sur un support de cours, le soleil, un bruit à l'extérieur de la pièce, un trait mal aligné, un collage de travers, etc.

« Le soleil peut représenter un défi pour les enfants et les adultes avec autisme. Quand un carreau lumineux se dessine sur votre table, comment est-ce que vous pouvez réfléchir ? Vous essayez une ou deux minutes, mais rapidement vous perdez pied », nous explique Josef Schovanec, dans *Je suis à l'Est*.

b) graphisme

Je n'aime ni le graphisme, ni les coloriages. Tenir un stylo ou un feutre à 5 ans, tient du miracle. Je préfère le clavier de l'ordinateur.
<u>Adaptation</u> : mon enseignant fabrique des étiquettes (chiffres, mots, lettres, etc.) pour chaque exercice où l'on demande mon avis, mon graphisme ou un choix à faire (oui/non, combien, etc.), et ainsi je peux communiquer et positionner l'étiquette sur l'exercice sans avoir à passer par la case « réponds » ou « écrits ». Je positionne l'étiquette en fonction de ma réponse, et je montre à mon enseignant que je connais la réponse ; comme ça, on peut passer à autre chose. J'écris également au clavier de l'ordinateur, pour me faire comprendre.

Je n'aime ni continuer une frise, ni faire des lignes de lettres : quel ennui ! Je ne vois pas l'intérêt.
<u>Adaptation</u> : mon enseignant me concocte donc des séries de lettres différentes. Par exemple, cela peut être une suite de type A.B.C.A.B.C.A.B.C. au lieu de A.A.A.A.A.A.A.A. La répétition est finalement là, mais pas l'ennui.

Je n'aime pas les pages remplies de graphismes colorés, de lettres en couleurs. Je préfère le noir, voire le bleu.

<u>Adaptation</u> : mon enseignant fait des photocopies en noir et blanc, découpe l'exercice, supprime ce qui peut me « parasiter », et n'utilise que le noir ou le bleu pour écrire ou dessiner, mais jamais les deux couleurs à la fois.

J'ai vraiment détesté les « pictos » de mon éducatrice PECS. Vous savez, la méthode qui consiste à communiquer par les images ; par exemple, si j'ai soif, je donne l'image d'un verre d'eau, et idem pour l'humeur, les sentiments, la douleur ou les actions.

Cela n'a pas de sens pour moi. Je préfère les mots.

Adaptation : mon enseignant m'a confectionné un tableau de 1x1 mètre, avec des bandes scratch adhésives pour coller tout un lexique de mots de tous les jours, utiles à la communication (que je ne sais pas utiliser, mais que j'adore lire).

c) lecture

J'ai un faible pour la lecture. Je dois vous avouer que je connais énormément de comptines sur YouTube en mode karaoké. D'ailleurs, je préfère l'anglais. Je photographie un mot quand je le vois écrit et qu'on me le lit. J'ai donc une bonne mémoire visuelle, le souci du détail et j'adore les répétitions.

Adaptation : mon enseignant me confectionne de nombreuses étiquettes-mots dont la taille diminue au fur et à mesure (on passe d'un mot centré sur une page A4, puis progressivement se réduit à une étiquette que l'on peut tenir dans la main), tapées à la machine ou manuscrites en capitales, qu'il fait défiler devant mes yeux, et cela m'amuse de lui dire ce que je vois. Finalement, en me faisant lire les étiquettes qu'il place une par une devant moi, il arrive à me faire dire une phrase.

Ensuite il aligne les étiquettes au sol ou sur le bureau (quand elles sont de petite taille), et ce que j'ai lu forme une phrase.

J'illustre. Il y a des étiquettes pour les saisons, la météo du jour, les objets, les jours de la semaine, les mois de l'année, l'hygiène, les animaux, les prénoms des membres de ma famille, certains mots-outils, etc.

Cela peut donner au réveil, en ouvrant les volets de la chambre :

BONJOUR
MATHIS
AUJOURD'HUI
IL Y A
DES
NUAGES

Puis mon enseignant sort une image de nuages (même s'il sait que je ne vais pas forcément m'y intéresser), pour que je puise me faire une représentation et ainsi déchiffrer le mot. Il s'agit d'une approche globale du mot. Et on fera la même chose avec les syllabes.

Mon enseignant a repéré qu'un livre me plaisait bien, et que même si je passe de la page 1 à la page 6, en insistant pour zapper les autres, j'aime répéter chaque mot qu'il lit. D'ailleurs, il se met en scène en mimant des situations ou expressions et cela me fait bien rire. Du coup, je sais que chaque personnage joue un rôle dans cette histoire, et je retiens très bien les expressions et onomatopées des dialogues. L'illustration du livre est discrète, et le texte assez court.

Astuces :
Pour l'association des syllabes, mon enseignant a découpé un livre acheté dans le commerce, en a fait des planches plastifiées, puis a crée des étiquettes-syllabes que je dois placer au bon endroit sous les mots. Mais je ne suis pas fan, car il y a trop de couleurs.

Il a donc trouvé sur le net un jeu de loto des syllabes en noir et blanc à imprimer.
Il a placé d'un côté une petite grille de quelques syllabes, puis de l'autre les étiquettes-syllabes mélangées, et a attendu de voir ce que j'en ferai. C'est devenu le rituel récompense pour finir une séance de travail. Finir en beauté, avec un jeu facile.

d) mathématiques

J'adore compter. Ce qui me plaît bien depuis que j'ai 2 ans, je le rappelle, c'est passer en boucle des comptines sur YouTube.

Les chansons enfantines me plaisent bien, mais je me régale particulièrement à écouter pendant de longs moments l'alphabet chanté (dans toutes les langues que je peux trouver) et la bande numérique de 0 à 100.

De ce fait, je suis bien familiarisé avec la reconnaissance des chiffres et la manipulation des nombres.

Adaptation :
Pour dénombrer une collection, mon enseignant utilise toujours un support en noir et blanc et des étiquettes-nombres que je positionne et colle pour donner ma réponse. Nous jouons également avec la calculatrice. Quand on me demande d'écrire un chiffre, je la prends et tape sur la bonne touche et je suis super fier.

Astuces
Si je ne tiens pas assis, il est peut-être temps de jouer à se lancer un ballon ou une peluche.

Je me concentre sur l'objet et pendant ce temps, tu chantes une poésie, le tableau des syllabes ou un abécédaire avec des noms d'animaux.

Bref, je travaille sans m'en apercevoir.

2 - *Mon environnement*

a) le lieu : où travailler et comment s'installer ?

Dans la théorie et dans un premier temps, il faut LE MOINS POSSIBLE d'éléments qui viennent te parasiter ou te perturber lorsque tu travailles (sollicitations sonores, visuelles ou tactiles) ; personnellement, la moindre mouche qui vole et me voilà « parti ailleurs ».

Il faut que ton attention ne soit dirigée que sur le travail sur le bureau. Pas de graphismes, de couleurs, de formes, de schémas, d'images face à toi.

Si possible, prévoir plusieurs espaces de travail :

- un espace dédié à la concentration pure pour le calcul et l'écriture,
- un espace confortable pour la lecture de textes, l'apprentissage des poésies, l'écoute de chansons à apprendre,
- un espace pour les arts, la création, la musique.

Ceci a fonctionné pour moi, puis progressivement nous avons pu « migrer » vers un environnement moins austère, et plus « multi-tâches ».

Dans la pratique, sache que pendant plusieurs mois en grande section de maternelle à domicile, j'étais incapable de rester plus de trois secondes assis, et encore moins devant un bureau. J'ai longtemps préféré être allongé sur mon lit ou au sol. Mon enseignant s'est adapté, et nous faisions le cours allongés. Puis, j'ai bien voulu me tenir debout devant un bureau, mais pas le mien ; je préférais celui de mon enseignant.

Mon temps de concentration étant très limité, nous changions très régulièrement d'activité, alternant exercices de manipulations d'étiquettes, graphisme, jeux d'apprentissages en ligne sur l'ordinateur, jeux de balles, comptines avec mes peluches préférées, lecture d'histoires, le tout en boucle pour revenir à l'essentiel à chaque fois, terminer un exercice du programme.

b) l'organisation : quoi faire et quand ?

Toujours dans l'idéal, il est plus aisé de travailler :

- le matin : l'écriture, la lecture, l'étude de la langue et les mathématiques,
- et l'après-midi : la poésie, la lecture de textes, la découverte du monde, les arts, la musique ou l'anglais.

Toutefois, après une nuit d'insomnie, je suis plus agité, hyperactif, et râleur que d'habitude, ce qui réduit encore plus ma capacité à me concentrer.

De simples exercices rapides en marchant, au cours du repas, ou debout, laissant libre cours à mon flapping et à mes sautillements, me suffiront. Mon enseignant me présente cela comme un jeu, et finalement, j'arrive à établir la connexion.
Le must, c'est quand il me présente quelques jeux interactifs et éducatifs sur internet. Là, je dis oui !

« Je vais t'aider », me rassure.

Ce que je n'arrive pas à faire aujourd'hui sera réalisé avec succès et sans hésitation dans quelques jours, ou quelques semaines. Ne focalise pas.

3 - Mes outils

Pour commencer à travailler, il faut :

- un bureau avec uniquement le travail en cours, **face à un mur blanc**.

Sur le bureau, un exercice à la fois avec uniquement les outils nécessaires. S'il faut un feutre vert, un feutre rouge et un feutre bleu, montrez-moi uniquement ces feutres-là.

- une ardoise et un tableau blanc.

- mes outils d'aide à la communication : pictos, bâtonnets de couleurs, cubes, dés, formes géométriques, puzzles, etc.

Mon enseignant à domicile doit absolument avoir ces outils-là :

- un ordinateur,
- une imprimante/photocopieuse,
- un bon stock de papier et d'encre,
- une plastifieuse,
- des ciseaux,
- de la colle,
- du scotch,
- des classeurs, trieurs, cahiers, blocs-notes, stylos et vitamines.

Pour ma part, voici les outils qui m'ont permis de jouer tout en apprenant, en dehors de la tablette ou de l'ordinateur qui sont de formidables instruments pour m'aider à communiquer, et à apprendre plein de choses.

Lecture : l'alphabet

- un trace-lettres pour m'entrainer à bien faire les lettres,

- des lettres aimantées, à positionner sur mon tableau blanc, pour m'amuser à composer des syllabes,

- un casier-lettres : une boîte en bois compartimentée dans laquelle sont rangées de petites lettres en carton blanc, trouvée en grande surface dans le rayon loisirs créatifs. Elles me serviront par exemple à positionner les lettres sur des mots imprimés. Comme je ne sais pas tenir un stylo correctement et longtemps, l'utilisation de petites lettres cartonnées m'aide à travailler,

- le serpent-puzzle alphanumérique réversible (une face avec l'alphabet, et l'autre avec la frise des nombres),

- un puzzle en bois de l'alphabet,

- des cartes de l'alphabet fabriquées par mon enseignant (une lettre par carte, écrite en capitales et en cursives).

Graphisme

- un tableau blanc avec un feutre et des aimants (très utiles pour accrocher le modèle au tableau),

- des feutres à pointe moyenne et pointe large,

- une ardoise,

- et beaucoup de feuilles de brouillon !

Mathématiques : les nombres

- des gobelets gigognes, pour jouer à les ranger par taille, les compter, les encastrer,

- des cubes (je ne supporte que les cubes d'une seule couleur),

- des gommettes qui servent à faire des collections,

- une calculatrice pour m'amuser à écrire des nombres dictés par mon enseignant, ou vérifier un calcul,

- un dé géant : lorsqu'il s'immobilise, il faut annoncer le nombre de points que l'on voit,

- trois dés pour commencer une approche des additions,

- un appariemment Montessori de 0 à 9, pour montrer que l'on sait dénombrer,

- le serpent-puzzle alphanumérique.

II - Approche des fondamentaux

Ce que mon enseignant appelle les fondamentaux correspond à ce qu'une personne doit savoir lorsqu'elle décide de visiter un pays : les formules de politesse, les basiques pour pouvoir se déplacer dans le temps et dans l'espace, les habitudes au quotidien, etc.

1 - L'alphabet

À une époque, les puzzles étaient ma passion. Le puzzle de l'alphabet est donc tout indiqué pour apprendre l'ordre des lettres, sans se tromper.

Et puis avec le serpent-puzzle alphanumérique, c'est rigolo.

Un autre atout majeur, j'ai toujours aimé suivre les comptines sur ma tablette ; j'ai pu ainsi écouter la comptine de l'alphabet, la lire, la chanter, et recommencer des milliers de fois, sans m'en lasser, en français et en anglais.

Je m'amuse bien également avec un trace-lettres, mais cela ne dure pas longtemps, car il faut être bon en concentration et en psychomotricité fine. Mes doigts se crispent rapidement.

Mon enseignant a ajouté un abécédaire sur le mur de ma chambre, pour que je puisse associer les lettres à des mots connus. Pour construire cette frise, j'ai classé les lettres imprimées dans l'ordre, en majuscules et en minuscules. À cela nous avons ajouté un imagier imprimé et plastifié, juste en dessous.

2 - Les nombres

Pour les nombres, c'est le même procédé. Vive YouTube ! Je vous conseille la chaîne *Le Monde des Titounis*, devenue ma chaîne préférée dès mes 3 ans. J'adore la musique et les nombres.

Pour l'anglais, je vous conseille *KidsTV123*. D'ailleurs, en plus des nombres, vous y trouverez les couleurs, l'alphabet, les animaux, les véhicules, les contraires et des comptines connues en anglais. Un vrai régal !

3 - Les jours de la semaine et mois de l'année

Pour apprendre les jours de la semaine par cœur, et savoir comment les positionner sur une frise, rien de tel qu'une comptine. Ensuite, je confectionne avec mon enseignant la frise que je vais accrocher dans ma chambre. On colle, plastifie et on la suspend en plaçant des épingles en bois sur les trois niveaux : le jour de la semaine, le nombre et le mois de l'année ; comme ça, chaque jour, je peux situer la date du jour sur ma frise.

4 - Les consignes

Pour réaliser un travail, il faut bien comprendre ce qui est demandé. En général, mon enseignant prononce la consigne et pose le picto correspondant à côté de mon travail.

Si toutefois, je ne comprends pas, il réalise le début de l'exercice et me laisse finir. Et ensuite, j'en réalise un autre tout seul.

On trouve facilement sur internet les pictos des consignes. Citons *fiche-maternelle.com*, par exemple. Pour ma part, découper et écrire en GS est impossible. Mes consignes récurrentes sont : colle, entoure, et relie.

III - Mon parcours en GS

1 – Le programme de l'éducation nationale

D'après le programme officiel, l'enfant doit apprendre le « vivre ensemble » et le « savoir communiquer ». Pour cette partie-là des attentes, nous autres autistes ne sommes pas très compétents ; mais nous plaçons ailleurs nos compétences.

Et c'est ce que ton enseignant doit trouver : quel est ton schéma propre de fonctionnement, et comment jouer avec toi pour rentrer dans les apprentissages.

Voici pour repère, les attendus de l'éducation nationale. Ensuite, je t'explique comment mon enseignant les a adaptés à mes besoins durant chaque trimestre.

Les attendus de l'éducation nationale

Dans le Bulletin Officiel de mars 2015, voici les grandes lignes de ce qu'un élève neurotypique doit avoir acquis en fin de maternelle. Cinq domaines d'apprentissages sont visés.

a) Mobiliser le langage dans toutes les dimensions
- communiquer avec les adultes et les autres enfants en se faisant comprendre,
- s'exprimer et reformuler,
- raconter, décrire, expliquer, questionner, proposer des solutions,
- dire de mémoire comptines et poésies,
- comprendre un texte dans le langage entendu,
- avoir une curiosité à l'écrit,
- participer verbalement à la production d'un écrit,
- repérer des régularités dans la langue à l'oral,

- manipuler des syllabes,
- discriminer des sons
- reconnaître les lettres de l'alphabet et les copier à l'aide d'un clavier,
- écrire son prénom sans modèle, en cursive,
- écrire seul un mot connu.

b) Agir, s'exprimer, comprendre à travers l'activité physique
- courir, sauter, lancer un objet,
- ajuster et enchaîner des actions en fonction d'obstacles à franchir et de trajectoires,
- se déplacer avec aisance dans des environnements aménagés,
- construire et conserver une séquence d'actions en relation avec d'autres partenaires,
- coordonner ses gestes avec ceux des autres (rondes, jeux chantés),
- coopérer, s'opposer ou exercer des rôles.

c) Agir, s'exprimer, comprendre à travers l'activité artistique
- choisir différents outils, médium en fonction d'un projet en adaptant son geste,
- pratiquer le dessin en étant fidèle au réel ou en inventant,
- réaliser une composition personnelle,
- mémoriser un répertoire de comptines et les interpréter,
- jouer avec sa voix (variantes de timbres, intensité, etc.),
- repérer et reproduire des formules rythmiques,
- décrire une image, une musique et exprimer son ressenti,
- proposer des solutions dans un projet artistique.

d) Construire les premiers outils pour structurer sa pensée (découverte des nombres)

Utiliser les nombres
- évaluer et comparer des collections (numériques, non numériques),
- réaliser une collection,

- utiliser le nombre pour exprimer la position d'un objet, sur un rang ou pour comparer des positions,
- mobiliser des symboles analogiques.

Etudier les nombres
- avoir compris que le cardinal ne change pas,
- avoir compris que tout nombre s'obtient en ajoutant un au nombre précédent,
- quantifier des collections, jusqu'à dix au moins,
- parler des nombres à l'aide de leur décomposition,
- dire la suite des nombres jusqu'à 30,
- lire les nombres écrits en chiffres jusqu'à 10.

Explorer des formes, des grandeurs, des suites
- approche des formes planes, des objets de l'espace et des grandeurs,
- décrire les formes verbalement,
- approche de la géométrie,
- classer les objets en fonction de leur forme (carré, triangle, cercle, rectangle) et reconnaître quelques solides (cube, pyramide, boule, cylindre),
- classer des objets selon un critère de longueur, de masse, ou de contenance,
- reproduire un assemblage (puzzle),
- identifier le principe d'organisation d'un algorithme et poursuivre son application.

e) Explorer le monde
- situer des événements vécus en les repérant dans la journée, la semaine, le mois, la saison,
- ordonner une suite d'images ou photographies pour rendre compte d'un récit fictif entendu,

2 - Le graphisme

Ce n'est plus un secret pour personne, la psychomotricité fine n'est pas la tasse de thé des autistes. Je n'échappe pas à la règle. En début de GS à domicile, vous ne pouviez pas me faire tenir un crayon ; ou peut-être cinq secondes dans la main, tenu comme un étrange bâton inutile. Bien évidemment, mes positions favorites étant couché ou debout, réaliser une frise relevait de la prouesse.
Afin de trouver des supports de travail, mon enseignant s'est intéressé à plusieurs sites sur le net (voir bibliographie à la fin de cet ouvrage), a acheté quelques ouvrages de jeux éducatifs et cahiers de vacances, du niveau petite section à grande section de maternelle.

Le challenge consistait donc à me faire tenir un stylo correctement (bleu de préférence), puis à tester mes aptitudes à suivre un trait, pour ensuite pouvoir le reproduire seul. Par exemple, il fallait que j'arrive à réaliser un tracé de ronds, de vagues, ou continuer une frise.

Comme l'exercice est extrêmement crispant, mon enseignant a choisi de me donner un feutre épais, et de le réaliser au choix, soit allongé sur mon lit avec mon ardoise ou debout devant le tableau blanc. Ensuite nous sommes passés à la version papier plus feutre fin.

Alors pourquoi ne pas avoir choisi le crayon à papier ou le stylo ? Eh bien, tout simplement parce qu'il est beaucoup moins dur d'écrire avec un feutre. Avec un stylo ou un crayon à papier, il faut se concentrer pour bien le tenir, appuyer suffisamment sur la mine, et enfin se rappeler du graphisme demandé.

Autre rappel, je suis plus performant le matin que l'après-midi.

Pour m'aider à réaliser un graphisme, et m'éviter le découragement, mon enseignant m'a longtemps guidé sur trois niveaux :

- il trace des lettres, formes, etc. au crayon à papier en appuyant très légèrement pour que je puisse repasser par-dessus et le suivre avec mon feutre,

- il me tient la main, pour qu'elle ne parte pas brusquement dans tous les sens,

- il me fait mimer le graphisme en faisant de grands mouvements dans l'air, ou sur le tableau blanc, tout en réduisant le geste pour que je puisse le réaliser sur un format papier.

Il prend également le temps de noter la date à laquelle est fait l'exercice, et s'il est réalisé avec la main droite ou la main gauche. Ce sont des repères indispensables pour mon suivi.

Mon enseignant utilise des smileys pour donner une appréciation sur mon travail, et j'adore m'auto-congratuler avec des « bravo ».

Comme je ne vois pas l'utilité de faire des lignes de symboles identiques, mon enseignant m'a rarement donné ce genre d'exercices qui me lassent vite. En revanche, écrire mon prénom ou bien des mots de mon abécédaire mural, est plus sensé. Voilà, maintenant, je sais écrire mon prénom sans modèle. Je ne reste pas encore assis au bureau, mais j'arrive à tenir un stylo, et ce, quatre mois après ma rentrée scolaire à domicile.
Je connais mon alphabet, sais associer des syllabes et écrire certains mots de mémoire sur mon ardoise. Cela me demande des efforts importants, mais je réponds aux attentes du programme de GS de l'éducation nationale.

N'oublions pas mon flapping qui m'est indispensable pour évacuer mes émotions, mes balancements, mes sautillements, les longs moments où je veux rester couché sur mon lit, et mes manifestations vocales. Mon enseignant en tient compte, et ne me brime pas lorsque j'en ai besoin.

Je suis l'acteur principal de cette aventure ; toutefois, il faut quand même reconnaître que le metteur en scène est super patient.

Cela représente beaucoup d'énergie et de nombreuses heures pour adapter le script à mon rôle afin de rejouer les scènes dans de bonnes conditions. Sans compter sur Miss Marple, ma professeure de soutien, qui avant de me connaître n'avait jamais cotoyé d'élèves autistes, et encore moins de mon jeune âge, non verbal. Dôtée d'un formidable bon sens, de curiosité, d'intelligence, de pédagogie et de professionnalisme, elle a su développer une patience de ninja et rassurer mon metteur en scène de nombreuses fois.

Notre première approche : je sors du champ de la caméra, et réapparais à demi-nu, triomphant. J'étais très déçu, car elle a feint l'indifférence. Elle attendait patiemment que je m'installe pour finir le puzzle de lecture. Elle m'a ensuite félicité de me sentir à l'aise avec elle, mais préférait me voir tout habillé. Dès notre deuxième heure de cours, je lui faisais un câlin. Nous avons passé ensemble deux années inoubliables, qui m'ont permis de faire mon entrée avec brio dans la série à sensation qu'est l'école.

Maintenant, elle a pris sa retraite, et j'espère lui manquer. Grâce à des personnes comme elle, nos parents prennent confiance en eux, et se sentent prêts à soulever des montagnes pour nous.
En résumé, laissez-moi m'approprier la gestuelle du graphisme (courbes, boucles) en faisant le mouvement avec mes bras en grand dans les airs, tenez-moi la main pour me rassurer et m'éviter la fatigue, et faites-moi écrire des choses qui ont du sens pour moi.

3 - La lecture

La lecture est abordée très tôt ; j'ai toujours préféré les mots aux images. Grâce à l'approche des fondamentaux, j'ai rapidement été au contact de la lecture en lettres capitales de l'alphabet, des nombres, des couleurs, des objets, etc. Progressivement, mon enseignant a introduit les lettres scriptes.
Je suis autiste non verbal ; en revanche je fais beaucoup d'écholalie (répétition des derniers mots entendus), ce qui est très pratique pour savoir si ma prononciation est correcte.

Pour tester mon aptitude à reconnaître les lettres, l'un des premiers jeux a consisté à placer des lettres ou des syllabes sur des mots ou des syllabes déjà imprimés. L'intérêt est double : placer les lettres au bon endroit et former un mot ou une syllabe à prononcer. J'utilise des lettres imprimées et découpées par mon enseignant ou mon casier-lettres en carton. L'avantage avec les lettres imprimées, c'est qu'on peut les coller sur le support que l'on range dans son classeur. N'oubliez pas de présenter le travail de la gauche vers la droite, et en cas de troubles importants de concentration, de ne proposer qu'une étiquette-syllabe à la fois. A chaque syllabe posée, l'enseignant prononce la syllabe : «MO, meu et o, MO ; TE, teu et e, TE», etc.

Voici d'autres étapes de lecture par lesquelles je suis passé, avec, à chaque fois comme instruction, de coller la vignette correspondante : reconnaître des formes écrites proches, association de mots écrits de différentes façons, lecture de consignes, trouver la syllabe manquante selon le modèle, retrouver le nombre identique au modèle, écrire les jours de la semaine.
Puis, mon enseignant a compliqué le travail en me demandant d'entourer le mot proposé parmi une ligne d'autres mots ressemblants, ou bien tous les a, les e, les i, les o, les u dans un texte. Une lettre à la fois, bien sûr. Ensuite, nous sommes passés à classer le, la, les et un, une, des, pour me préparer au genre et au nombre des noms.

4 - Les mathématiques

Faire des maths est mon activité préférée.

Une fois l'étape de la bande numérique passée, j'ai vite eu envie de passer à autre chose. Nous avons donc commencé le dénombrement. Cela consiste à trouver le nombre d'animaux, d'aliments ou d'objets sur une ligne, à coller dans une forme géométrique le nombre de gommettes indiqué, ou à faire des collections.

Comme cette activité était réalisée très rapidement et avec beaucoup de facilité avec des collections de dix, nous sommes passés aux additions en janvier 2018. J'ai alors deux mois de scolarisation à domicile. Je ne compterai pas les deux mois passés à l'école municipale où je ne faisais rien.

A 5 ans et 5 mois, je réalise mes premières additions en ligne.

Mon enseignant m'a proposé plusieurs méthodes, mais je n'accrochais pas plus que ça. C'est alors qu'il est allé chercher un vieux script utilisé au début des années 2000, pour mon grand frère : la fameuse *méthode Boscher*. Loin d'être uniquement une méthode de lecture de 1906, elle est également très utile pour enseigner les additions.
Le 11 janvier 2018, mon enseignant écrit au tableau : « Place des bâtons sous les nombres, compte tous les bâtons et écris le résultat après le signe ' = '. » Il écrit ensuite l'addition en ligne suivante : 4 + 4 = . J'ai donc pris le feutre et j'ai tracé quatre bâtons sous chaque ' 4 ', et ensuite, j'ai compté tous les bâtons que je voyais. J'ai écrit un beau ' 8 ' après le ' = '. Le metteur en scène est allé chercher son appareil photo, et a mitraillé la scène.

Le calcul est devenu très récréatif, et bien plus intéressant que la géométrie, où il faut de la concentration et une bonne motricité fine.

Je connais les formes géométriques basiques depuis longtemps, car avec mes comptines sur YouTube, je chante en boucle les formes en français et en anglais. Nous avons appris à les tracer, les découper et les associer. J'ai également essayé de tracer un trait d'un point à un autre avec la règle. A chaque fois, je suis guidé, pour m'éviter la fatigue.

Là, où j'épate mon enseignant, c'est au jeu du labyrinthe. Je « vois » déjà le chemin, et exécute le tracé avec assurance et rapidité, pour que Monsieur Lapin puisse en sortir et aller manger sa laitue.

En résumé, n'oublie pas ceci :

- utilise des outils simples pour me faire apprendre la suite numérique (serpent-puzzle), le dénombrement (appariemment Montessori, gommettes à coller par couleur, cubes, dessins de ton enseignant). On peut « jouer » à compter le nombre de petits gâteaux posés sur la table au goûter, chanter des comptines, etc. L'apprentissage se fait à tout moment, surtout quand on est hyperactif, et le plus important est que mon apprentissage se fasse naturellement et dans un esprit de jeu,

- ce n'est pas parce que je ne te réponds pas, que je n'ai pas compris ou entendu ta demande,

- laisse-moi le temps de classer la dernière information dans un tiroir de mon cerveau pour, ensuite, pouvoir me concentrer sur l'activité ou la question suivante. Cela peut me prendre plusieurs minutes. Une consigne à la fois,

- n'insiste pas si je n'y arrive pas,

- ne me laisse jamais finir sur un échec, mais toujours sur quelque

5 - Explorer le monde

Explorer le monde, c'est savoir se situer dans le temps et dans l'espace, ou encore connaître le fonctionnement du monde vivant.

Pour m'aider à comprendre, par exemple, que nous habitons en France, mon enseignant m'a installé devant le saint Graal : un écran d'ordinateur. Nous sommes allés sur Google Earth, et là, j'ai pu voir que, non seulement, j'habite en France, mais que mon village est situé dans le Sud du pays. Nous avons ensuite voyagé ; j'ai vu là où je suis né, où habitent mes grands-parents, et à la fin, nous nous sommes retrouvés en haut de la tour Eiffel !

En revanche, s'il y a bien un environnement qui ne m'intéresse absolument pas, c'est le monde du végétal. Mettre une graine sur un coton imbibé d'eau, la voir germer, la mettre en terre, pour finalement découvrir une plante qui grandit, ne présente aucun intérêt.

Le cycle de vie du papillon, c'est plus rigolo qu'une graine qui pousse. Nous avons étudié le poème *La chenille et le papillon*, largement théâtralisé par mon enseignant et moi-même ; ensuite, nous avons fait une recherche d'images d'oeuf, de chenille, de chrysalide et de papillon. Il m'a demandé de les mettre dans l'ordre et de les coller pour illustrer le poème. Nous avons réalisé le même exercice avec le cycle de vie de la grenouille.

J'ai étudié également les différents moments de la journée, les saisons, les parties du corps humain, avec utilisation de vignettes à ordonner ou à coller au bon endroit.

PARTIE III - Mathis Academy, saison 2 - Le CP ASH par le CNED

Il a fallu environ dix mois pour arriver à stabiliser un rythme d'écolier cohérent, ludique et satisfaisant. Maintenant, j'ai 6 ans, et je rentre au CP. Je sais déjà un peu lire et compter. J'arrive à rester concentré environ une heure et demie dans ma chambre. J'ai adopté mon espace de travail ! J'ai cessé mes allers-retours entre le bureau de l'enseignant, la « cafétéria » et mon espace de travail.

I - Le contexte de travail

1 – Mon environnement

Pour rappel, pour tes apprentissages, il faut :

- un bureau avec uniquement le travail en cours, face à un mur blanc ou le panneau, support, image, photographie sur lequel tu vas travailler,
- sur le bureau, un exercice à la fois avec uniquement les outils nécessaires ; s'il faut un feutre vert, un feutre rouge et un feutre bleu, montre-moi uniquement ces feutres-là,
- une ardoise / un tableau blanc,
- un dictionnaire illustré.

2 – Mes cours du CNED

Mon enseignant reçoit les cours du CNED au mois d'août. Je le vois très occupé. Ils sont structurés en neuf modules pour l'année et un recueil de cours. Chaque module comprend un cahier de bord, une pochette d'évaluations et un carnet de progrès.

Chaque cahier de bord est divisé en quatre semaines. Chaque semaine est divisée en huit ateliers et un bilan hebdomadaire.

Dans chaque atelier, on travaille :

- le français (lecture, écriture, étude de la langue, apprentissage d'une poésie),
- les mathématiques (nombres, calcul, géométrie, grandeurs et mesures),
- un « projet à thème »,
- une langue vivante,
- de l'enseignement artistique, musical, moral et civique,
- et « questionner le monde » (sujets sur le vivant, les objets, les cultures, la géographie, se situer dans l'espace et dans le temps).

En parallèle du recueil de cours, nous avons accès à des contenus numériques avec activités interactives, des vidéos et fiches téléchargeables sur la plateforme du CNED. A la fin d'un mois de travail scolaire, il y a cinq évaluations à envoyer au CNED, dans les domaines suivants : français, mathématiques, arts, musique, sport, questionner le monde, enseignement moral et civique et langue vivante. Un autre repère très utile dans la scolarisation : les carnets de progrès. Ils permettent au cours de l'année, de noter les points forts et les points à améliorer dans chacune des compétences étudiées lors du module.

3 – La préparation et l'organisation de mon travail

Il est indispensable que ton enseignant prépare chaque module (prendre connaissance des apprentissages visés durant tout le module dans toutes les matières), le décompose, voire le découpe et photocopie au besoin chaque activité de l'atelier, pour que n'apparaisse sous tes yeux, sur ton bureau, que l'exercice à travailler.

Sinon tu pourrais, comme je l'ai fait quelquefois, donner la réponse de l'activité se situant juste au-dessous, tout en écrivant sur la ligne que ton enseignant pointe du doigt.

Adaptation par la décomposition des activités proposées dans un atelier

Les activités sont ainsi découpées et prêtes à être étudiées par thème en fonction de mes capacités de concentration. Il arrive souvent que mon enseignant regroupe plusieurs activités de français ou de mathématiques pour les étudier en une seule séance.
Par exemple, le CNED propose d'alterner sur une matinée la lecture, les mathématiques et l'étude de la langue. Cela ne me convient pas.

Une lecture de texte se fait difficilement assis au bureau, mais plutôt dans un fauteuil confortable ; l'apprentissage d'une poésie, c'est debout en gesticulant. Quant à l'écriture, cela me fatigue beaucoup. Inutile de vous dire qu'être obligé d'écouter mon enseignant me dicter des chiffres à écrire, me concentrer pour écrire les chiffres sans déborder, et ensuite me concentrer pour compter des billes et enfin, devoir en dessiner d'autres pour compléter, c'est un exercice qu'on ne peut pas faire après avoir lu un texte en français.

C'est pour cela que mon enseignant utilise mon temps de concentration, mon besoin de gesticuler et ma fatigue en fonction d'un programme qu'il a complètement modifié pour moi. Il optimise mes capacités et adapte les matières. Je suis plus apte à écrire et à compter le matin. Quant à revoir la poésie au coucher, c'est pratique car le lendemain matin, je m'en souviens encore mieux.

Très important : ne laisse pas un exercice corrigé en rouge. Je vais retenir l'erreur et non la correction. On corrige en passant le correcteur blanc, pour que visuellement, je reste sur un exercice correct.

Adaptation par le regroupement d'une activité décomposée sur plusieurs semaines

En lecture, j'ai besoin d'avoir une vision globale de l'histoire. Lors de l'apprentissage d'une poésie, le CNED fait travailler la première semaine, la première strophe, la deuxième semaine, la deuxième strophe et ainsi de suite jusqu'à la fin de la poésie. Idem pour les histoires à lire. La lecture est ainsi distribuée au fur et à mesure des ateliers sur quatre semaines.

Pour optimiser ton temps de concentration, il vaut mieux prévoir une vision globale de l'ensemble du texte à lire, de l'histoire, de la BD ou de la poésie, et ensuite revoir chaque passage ; en général, je préfère à chaque fois tout lire jusqu'à la fin. Pour moi, ce qui est commencé doit être obligatoirement achevé.

Les cahiers de bord proposent huit ateliers à répartir en huit demi-journées, ce qui équivaut à quatre matinées de trois heures quinze et quatre après-midi de deux heures. Sauf que j'ai deux séances d'orthophonie et une séance de psychomotricité par semaine. Mon enseignant a donc revu l'emploi du temps, non seulement en fonction de mes obligations, mais également en fonction des siennes.

Ce qu'il y a de pratique, c'est que lorsque je comprends le sens d'un exercice, je le réalise très rapidement, à part en graphisme, où j'ai d'énormes difficultés. Résultat, parfois, au lieu de passer une heure, je ne passe que vingt minutes. D'autre part, chaque notion que tu travailles dans un exercice sera abordée la semaine suivante dans un autre exercice, mais présentée différemment. Si tu n'arrives pas à le réaliser sur le moment, ton enseignant trouvera toujours un autre moyen pour te l'expliquer, dans un autre contexte. Donc, pas de panique, le CNED a tout prévu, pour que au final, tu puisses intégrer progressivement l'apprentissage.

Parlons de la distribution des rôles.

Au sein de Mathis Academy, saison 2, je tiens le rôle principal.

Mon enseignant pour le français, les mathématiques, l'art, explorer le monde, l'anglais et les projets de vie, c'est maman ; papa assure en sport, musique et chant. Quant à Miss Marple, elle orchestre, supervise, motive les troupes, chaque mardi matin.

Le recueil de cours a également été remanié.

Ce dernier est présenté en un seul livret regroupant, pour toute l'année, les apprentissages étudiés au fur et à mesure des modules.

Cette présentation du script de Mathis Academy ne convient pas au metteur en scène : il veut que l'acteur principal puisse jouer chaque scène correctement.

Il a donc morcelé et réorganisé le script en sept supports indépendants pour obtenir ceci :

- français :

      - Lectures : textes, poésies,
      - Fiches outils
      - et ressources, mémo, lexique,

- mathématiques,
- questionner le monde,
- musique,
- et arts plastiques.

4 – Mes outils

Je conserve mes précieux outils de GS, car j'ai besoin d'eux, et j'en ajoute d'autres car maintenant, il faut m'aider à calculer et à écrire en cursives. A noter que pour le tableau blanc et l'explication de certaines notions, j'arrive à supporter deux couleurs de feutres différentes.

Lecture :
- jeu de type « Premières lectures » de Nathan (4 ans +)

Graphisme :
- stylos avec encoche pour le doigt

Mathématiques :
- règle (pour la géométrie et également relier proprement sur mes évaluations),
- cartes numériques et bâtons de couleurs en bois Montessori
- jetons ronds et rectangulaires multicolores
- jeu de type « Premières additions » de Nathan (5 ans +)

Situation dans l'espace et le temps
- Disque des saisons
- Disque matin/soir
- Disque pour apprendre l'heure.

Une activité ludique et éducative, consiste à chercher des idées d'outils sur les nombreux blogs et forums du net et à les fabriquer soi-même. Certains jeux de société peuvent également trouver une autre utilité, comme les 54 cartes, le jeu des serpents et échelles, le jeu du scrabble, le jeu de dominos, etc.

II - Mon parcours au CP par le CNED

Le but de cet ouvrage n'est pas de faire des copies des cours ou du programme du CNED, mais d'expliquer les adaptations de mon enseignant à ceux-ci. Nous nous attarderons sur les parties du programme les plus marquantes.

1 – Le français

a) Langage oral

Vous le comprendrez bien, le « langage oral » peut rapidement nous mettre, autistes non verbaux, en grande difficulté. Restituer une histoire entendue, voire inventer sa fin, décrire une image ou répondre à des questions de compréhension de texte, sont des activités quasi impossibles à réaliser. Pour ne pas être en « échec » ou en incapacité dans cette discipline, l'enseignant devra te donner un petit coup de pouce et mettre à ta disposition d'autres moyens pour montrer à tes correcteurs que tu as compris le texte. A la fin du CP, tu dois être capable de « dire pour être entendu et compris, mais aussi écouter et comprendre des messages oraux ou des textes lus par un adulte ». Ton enseignant va devoir se transformer en acteur. Autrement dit, à l'image d'un metteur en scène qui doit expliquer à un acteur aveugle ou sourd ce qu'il doit savoir et comment le jouer, ton enseignant va « te prendre par la main ».

<u>Restituer une histoire entendue</u>

Mes points forts : je sais « lire », mais je ne sais pas « parler ». Mon enseignant va s'en servir pour me « faire lire mes réponses ». Par exemple, la première lecture de mon année de CP portait sur la rentrée de *Tilou à l'école*. Dans cette histoire, nous voyons la première de couverture, puis huit pages, où sous chacune des pages figurent trois lignes de texte.

Nous avons lu et théâtralisé plusieurs fois l'histoire. Mon enseignant m'a ensuite expliqué toute l'histoire, en a fait un résumé oral puis écrit pour chacune des images. Nous nous sommes entrainés ensuite à lire les résumés écrits que je connaissais très bien à la fin.

En fin de module, lors de l'évaluation, il est demandé à l'élève de raconter l'histoire sur la base des huit illustrations, en respectant la chronologie. J'étais donc capable de la raconter, car mon enseignant m'avait donné les mots pour le faire. Mon correcteur était bien évidemment averti de notre pédagogie, et savait qu'il y avait eu un grand travail pour arriver à ce résultat, pourtant évident pour les enfants dits « normaux ».
D'où l'utilité de jeter un œil aux évaluations de fin de module, pour anticiper pendant le mois de scolarité et ainsi pouvoir quand même réaliser les tests.

Apprendre une poésie

Je suis plutôt dans l'action et l'imitation. Mon enseignant va théâtraliser un maximum la lecture du texte, pour créer une émotion (rire, colère, étonnement, admiration, hésitation, interrogation, etc.) et faire en sorte que ma retranscription orale de la poésie soit une imitation de la mise en scène, qui finalement se transformera en interprétation personnelle.

Le texte à apprendre est photocopié puis collé dans un cahier de poésie (non demandé par le CNED), et souvent illustré (dessins à la main par mon enseignant, collages d'illustrations de magazines, publicités, etc.). Parfois, la poésie est morcelée sur plusieurs pages, pour faciliter l'apprentissage et créer « une histoire ». Nous mettons un point d'honneur à donner le nom de l'auteur à chaque récitation.
Le tableau blanc sert également de support où mon enseignant copie des morceaux de poésie à apprendre. Le visuel est toujours privilégié, car je mémorise plus facilement ainsi.

Compréhension du texte et réponse à une question

Une autre difficulté liée à mon autisme, est le moment où ton enseignant te pose une question en lien avec le passage qu'il vient de te lire. Je ne sais pas comment faire pour lui répondre, et lui, ne sait pas si j'ai bien écouté et compris la lecture.

Voici une astuce qu'il utilise. Il souligne les mots importants lors de la deuxième lecture. Ce sont en général des mots-clés qui correspondront aux réponses qu'il faudra donner lors du test. Ensuite quand il me pose la question, il pointe du doigt les passages soulignés jusqu'à ce que je le stoppe par un signal (corporel ou vocal) lorsque je considère que c'est la bonne réponse.

b) Ecriture

Pour l'écriture, on maintient les bonnes habitudes prises en grande section de maternelle en graphisme, à ceci prêt qu'il faut affiner le geste. Mon souci est que je n'arrive pas à suivre une ligne droite.

Le CNED propose quatre lignes d'écriture : la première en bleu, pour signifier l'arrêt de la boucle supérieure des l par exemple, la seconde, en vert pour l'arrêt supérieur des a, des n, la troisième en rouge sert de ligne de support et enfin la quatrième, en marron, pour l'arrêt des boucles inférieures, comme pour le f.

Toutes ces couleurs me dérangent. De toute façon, même quand elles sont d'une seule couleur, cela me perturbe : il y a trop de lignes dans mon champ visuel. Je préfère alors écrire en dessous.

Avec Miss Marple, nous avons creusé plusieurs pistes.
Tout d'abord, on me propose d'écrire sur une seule ligne. C'est bien, mais cela ne fixe pas de limites à mon graphisme en haut et en bas.

Ensuite, j'ai eu droit à deux lignes, comme un bandeau ; j'écris en dehors. Puis, mon enseignant colorie ce bandeau légèrement. Encore un échec. Il me confectionne une règle en carton, qui me maintient la main et me propose une fenêtre d'écriture calibrée. Trop compliqué. Je fixe mon attention sur la règle, et non sur le travail d'écriture.

Entre-temps, mon enseignant continue les activités d'écriture en plaçant son index à droite de ma main (je suis gaucher) sur la ligne d'écriture, et cela me guide bien. Enfin, Miss Marple trouve l'idée de coller des bandes blanches sur une feuille colorée, et invente un système ingénieux pour placer un guide en carton que l'on tire au fur et à mesure que j'écris. On arrive à un résultat assez satisfaisant.
J'arrive à écrire sur la bande blanche sans déborder.

Pour réussir les tests et éviter que je ne me décourage, mon enseignant se pose en tuteur en maintenant ma main gauche (celle qui écrit), pour que mon geste soit le plus précis possible et que mon écriture tienne dans les lignes imposées par le CNED.

En parallèle, je continue l'entraînement, en repassant sur des lignes d'écriture que mon enseignant a réalisées au crayon à papier. Pour que l'exercice ne soit pas trop ennuyeux, il trouve des phrases que je connais déjà. J'ai ainsi copié des strophes de poésies connues.

c) Etude de la langue

L'un des meilleurs moyens pour savoir si je sais écrire les mots appris au cours du module sans que cela soit une galère, est l'utilisation d'un clavier d'ordinateur. Mon enseignant voit de suite si j'ai bien assimilé l'orthographe. C'est aussi un excellent moyen de réviser mes poèmes, puisque j'arrive à les écrire de mémoire et pratiquement sans fautes, sans oublier une majuscule, une virgule ou un point.

2 – Les mathématiques

a) Nombres et calcul

Faire des maths est, pour moi, une activité quasi récréative. Dénombrer des collections, associer des constellations et des décompositions additives est un jeu facile. Là où mon enseignant a eu de sérieuses difficultés, c'est lorsqu'il s'est agit de :
- m'apprendre à ordonner des nombres, des quantités, ou de les ranger dans l'ordre (croissant, décroissant),
- m'expliquer un problème. D'ailleurs, il n'utilise pas cette appellation, car il sent que s'en est déjà un pour moi. Il appelle cette activité un jeu à résoudre.

<u>Ordonner</u>

Tout y est passé pour me faire intégrer cette notion. Mettre côte à côte une pile de six cubes empilés et une pile de deux (en modifiant à chaque fois la quantité pour marquer la différence de taille) ; répéter l'opération avec des tas de stylos, de bâtons, de gâteaux ; utiliser des couleurs différentes ou, à l'inverse, ne placer que des objets de même couleur mais répartis en deux tas inégaux. Rien n'y faisait.
Idem avec les nombres. Sur le tableau blanc, j'ai vu se dessiner des graphiques, des axes (abscisses ou ordonnées), des flèches, des escaliers, des animaux, des objets que je connais, rien n'y faisait.
Mon enseignant a même collé des étiquettes de 0 à 10, sur les escaliers de la maison. Je n'arrivais toujours pas à ordonner. Alors, on a laissé passer quelques jours, voire quelques semaines. Et puis, un jour mon enseignant prend le feutre et écrit sur le tableau blanc les signes < et >, tout en inscrivant en dessous de chacun, « est plus petit que », « est plus grand que », en mimant le signe avec ses bras. Ensuite, il inscrit plusieurs exemples.

J'observe. On relit ensemble. Puis, mon enseignant, efface ses exemples, écrit deux nombres et me demande de mettre le signe correspondant entre les deux. Il me fallait une formule simple, je crois, pour comprendre, car c'est à partir de ce jour-là que j'ai réussi mes exercices. J'ai compris visuellement ce qui était demandé. Encore une fois, les images ou les objets ne m'ont pas aidé, de la même façon que la méthode PECS et ses pictogrammes ne m'ont absolument pas servi à communiquer. Les mots sont plus efficaces. Ce jour-là, une simple formule écrite m'a suffi à comprendre. Ma mémoire visuelle a ensuite fait le travail.
Ranger des nombres, du plus petit au plus grand et inversement, n'a pas été facile à comprendre non plus.
Que veux-tu que je fasse ? Je reste devant la feuille et m'impatiente ; mon enseignant s'adapte, il m'écrit le premier nombre. C'est bon, j'ai compris : s'il a écrit le plus petit nombre de la liste, je continue par ordre croissant et inversement.

Jeu à résoudre (ou « problème »)

Rien ne vaut la pratique. Nous sommes allés chez l'épicière du village et mon enseignant m'a laissé faire l'appoint. Ensuite, nous avons répété la scène en classe. Nous avons étalé les billets et les pièces sur mon bureau. Mon enseignant me dit que je dois acheter le ballon qu'il tient dans sa main, que son prix est de 12 € (il dessine le ballon avec son étiquette-prix), et que pour l'avoir, il faut que je retrouve la somme exacte. Il m'aide et prend un billet de 10 €, écrit sur le tableau « 10 + », et attend que je trouve le reste. Ensuite, il renouvelle l'exercice avec un autre objet, ayant un autre prix, écrit « 5 + » au tableau, et attend la main tendue. Et pour finir, il dessine un objet, lui met une étiquette-prix, me tend le feutre et attend. C'est à moi de tout faire : trouver l'argent, écrire l'addition et voir si le total correspond au prix affiché. C'est très amusant, l'exercice reste dans une dynamique de jeu. Je peux gesticuler, écrire au tableau, réfléchir assis sur le bord de mon lit, et rire aux éclats quand j'obtiens l'objet.

Si tu n'arrives pas à réaliser un jeu à résoudre, ton enseignant doit se demander si :
- tu n'as pas compris la notion,
- tu as compris la notion mais tu ne sais pas faire le calcul,
- tu as compris la notion, tu sais faire le calcul, mais tu as des difficultés pour écrire (moment de fatigue).

Mon enseignant prend souvent le stylo pour écrire à ma place lors d'exercices de mathématiques. Je lui dicte mes réponses. Cela me permet ainsi d'être plus concentré sur la notion à apprendre et non sur la graphie qui me demande beaucoup de concentration. Parfois, faire les deux en même temps est trop difficile.

b) Espace et géométrie

Je n'ai pas de souci pour me repérer dans l'espace. Toutefois, mon enseignant se sert encore une fois du tableau blanc pour matérialiser la gestuelle, vers la gauche, vers la droite, en haut ou en bas, par de grandes flèches, et me fait répéter de nombreuses fois le mouvement avec le feutre. Pour les autres notions, il a utilisé le micro-ondes de ma dinette. Il est très simple de placer un objet au-dessus, à gauche, à droite, dedans, ou au-dessous et ainsi m'aider à trouver mes repères dans l'espace. Encore une fois, il utilise des objets que j'aime, et qui ont du sens pour moi. L'utilisation d'étiquettes-mots, et le jeu avec mes pieds et mes mains (« donne-moi ta main gauche, ton pied droit ») au quotidien sont de précieuses aides.

c) Grandeurs et mesures

On m'apporte les notions ; je les regarde, je joue avec la règle, je ris en voyant la flèche rouge de la balance pencher du côté le plus lourd. Il n'est pas nécessaire de m'expliquer à outrance ; il me faut juste un support visuel et beaucoup d'exemples, et parfois le silence de mon enseignant pour me laisser analyser la problématique et l'assimiler.

3 - Les autres matières

a) Questionner le monde & enseignement moral et civique

Se situer dans l'espace ou se repérer dans le temps sont des notions que l'on travaille au quotidien, grâce aux outils fabriqués avec mon enseignant. Nous avons un disque des saisons, une frise de la semaine et un disque du matin/midi/soir. Il existe également dans l'univers Montessori des outils pour aider à le faire. Parlons par exemple de la poutre du temps, vivement recommandée par mon orthophoniste. Elle représente tous les mois de l'année et les saisons et on y colle ensemble des vignettes-événements (mon anniversaire, la venue d'un ami, les fêtes de l'année, la sortie au parc d'attractions, etc.), ce qui me permet de me situer dans le passé, le présent et le futur. Quel jour sommes-nous ? Quel temps fait-il aujourd'hui ? L'école par le CNED est très riche en mises en situation et guide très bien. On nous propose des exercices pratiques à réaliser à la maison. Seules les notions abstraites, sont un véritable casse-tête. Les règles de prudence, prendre soin de soi et des autres, accepter les différences, respecter des engagements, faire valoir des droits, etc. La liste est longue. Mais pas de panique, j'ai la vie devant moi. Mon enseignant me les apprend, mais n'y passe pas trop de temps, pour ne pas perdre l'essentiel en vue : ma concentration.
Voici l'illustration de mon comportement, sur le thème « situations dangereuses ». Mon enseignant trace une grosse croix rouge sur une image illustrant un danger pour me montrer que ce n'est pas bien, et entoure en vert la bonne image. Je ris aux éclats, et m'applique à entourer en rouge la prochaine image de situation de danger. Le but n'est pas atteint, j'ai focalisé sur le rouge. Alors, mon enseignant théatralise par des grands « oh, ce n'est pas bien, aïe, ça fait très mal ! », profite d'un repas pour me prouver que mon plat est très chaud, et que c'est DAN-GE-REUX, ou m'explique que c'est « bah, beurk, disgusting » la lessive que je suis en train de mettre dans la machine.

C'est en multipliant les mises en situation, les exemples, les exercices, et en ne négligeant pas tout ce qui vous paraît banal, que je pourrai me créer mes schémas et les classer correctement dans mon cerveau. *Step by step*, petit à petit et dans un esprit de jeu.

b) Enseignements artistiques

En parlant de jeu, l'éducation musicale est une des activités les plus récréatives pour moi. On doit apprendre à reconnaître des sons, des rythmes, taper dans ses mains et chanter des chansons, le top ! Mon enseignant-tuteur du CNED se régale. Il adore mon interprétation « très personnelle » et rythmée des chansons proposées. Pour mon enseignant à domicile, c'est un peu plus le parcours du combattant. En effet, le défi se trouve dans l'apprentissage des paroles « exactes » et bien prononcées, et ensuite, lors de l'enregistrement. Bah oui, quand il faut s'enregistrer, j'ai le trac. Soit je ne chante pas assez fort, soit je gigote tellement qu'il y a trop de bruits de fond. Il faut donc capter le bon moment de la semaine, ou de la journée où je suis au top pour passer à l'enregistrement.
Apprendre une chanson, dans l'idée, ressemble à l'apprentissage d'une poésie. Oui mais moi, je fais ce que je peux, car quand je récite une poésie, je le fais à mon rythme. En revanche, quand il faut chanter, je dois suivre la musique. Cela me provoque un peu de stress, car il faut être dans le rythme. J'y parviens sur le refrain. Mais pour le reste, soit je suis en retard, soit en avance. Quand je suis en avance, je chante une ronde à la place d'une noire et ça passe. Pour le retard, je chante en yaourt, et ça peut passer aussi. J'alterne entre slam, rap et opérette !

Je ne suis pas un grand passionné d'arts plastiques, mais avec les sollicitations de mon enseignant et sa façon de me les présenter, je joue le jeu. Il ne faut pas que ça dure trop longtemps, mais je m'amuse bien.

The End

Ton enseignant peut retrouver sur le site internet eduscol.education.fr tous les renseignements pour assurer ton suivi scolaire. S'il ne les trouve pas, dis-lui d'envoyer un mail à hashtag.autisme@gmail.com, et nous te les enverrons. Vous trouverez également en fin d'ouvrage une liste de livres et sites internet utiles pour l'apprentissage en général, et adaptés à l'autisme, en particulier.

Faire l'école à la maison est un long-métrage qui oscille entre film d'action et tragicomédie. Avec ma spécialisation « Roi des vents », je donne l'impression de ne pas prendre mon rôle au sérieux. Mais détrompez-vous, j'écoute et capte la moindre particule. La preuve, le tournage a abouti, je passe en CE1.

Ce qui m'a aidé à suivre le script, c'est avant tout, sa réécriture pour l'adapter à mes besoins spécifiques. Le but est de capter mon attention pour maximiser ma réceptivité. Mon enseignant a souvent privilégié l'apprentissage en profondeur en commençant du plus simple vers le plus complexe, ou du concret vers l'abstrait. Il regroupe une notion, qui habituellement est diluée au fil des semaines avec d'autres matières dans un module CNED, et nous la travaillons dans une matinée et ce, sur plusieurs jours à la suite. Son but est de s'assurer qu'à la fin des séances condensées et rapprochées, je sois à l'aise avec la notion. Nous pouvons passer trois jours à faire des mathématiques, par exemple. L'environnement reste ludique et le choix de l'espace de travail dépend de mon état (bureau, fauteuil, canapé, etc.).

Au cours de ces deux saisons de Mathis Academy, le maître-mot était « jeu », mais pour favoriser ma concentration, il faut parfois de la fermeté, de la rigueur et de l'endurance pour ne pas baisser les bras au moindre signe de fatigue.

Comme l'a écrit le professeur Laurent Mottron dans *L'intervention précoce pour enfants autistes*, il faut tenir compte de notre calendrier développemental atypique. Ce qui ne semble pas acquis aujourd'hui, et qui l'est déjà chez les autres enfants neurotypiques de mon âge, se mettra en place plus tard, à mon rythme. Et puis, j'ai entendu Miss Marple dire que c'est à l'enseignant de se remettre en question et se demander pourquoi je n'y arrive pas. À difficultés d'apprentissage, elle oppose difficultés d'enseignement, pour trouver la meilleure adaptation. Le but de cette interrogation est donc de chercher un moyen atypique (et qui sort de « la trame ») pour contourner le sujet et l'aborder sous un autre angle. N'oubliez pas que, parfois, certaines notions n'ont pas de sens. Pour illustrer ceci avec humour, voici la citation de l'écrivain Roald Dahl : « Si j'étais directeur d'école, je me débarrasserais du professeur d'histoire et je le remplacerais par un professeur de chocolat ; mes élèves étudieraient au moins un sujet qui les concerne tous. »

Nous avons tous une spécificité que l'enseignant pourra mettre en valeur. Le but d'une séance de travail est de valoriser la réussite et la confiance en soi. J'ai bien conscience que nous sommes tous différents, et que les hypersensibilités des uns ne sont pas forcément celles des autres. De même pour le développement psychomoteur ou langagier et les intérêts spécifiques. Je vous souhaite de vous épanouir dans l'apprentissage, qu'il soit à la maison ou en institution.

Je remercie ma famille, Miss Marple, Lise, ma psychomotricienne et Céline, mon orthophoniste qui forment une équipe de choc.

« L'école devrait toujours avoir pour but de donner à ses élèves une personnalité harmonieuse, et non de les former en spécialistes », estimait Albert Einstein.

TABLE DES MATIERES

PARTIE I - Qui suis-je ?	11
1 - Voyage vers l'inconnu : le côté obscur de la force	12
2 - Voyage vers l'inconnu : capacités surprenantes	16
3 - Parcours du combattant : pourquoi ?	17
4 - Orientation scolaire : un choix s'impose	19
PARTIE II - Mathis Academy, saison 1 - La GS de maternelle	23
I - Le contexte de travail	
1 - Ma configuration et les solutions de mon enseignant	23
a) Approche pédagogique	24
b) Graphisme	26
c) Lecture	27
d) Mathématiques	29
2 - Mon environnement	30
a) Le lieu : où travailler et comment s'installer ?	30
b) L'organisation : quoi faire et quand ?	31
3 - Mes outils	32
II - Approche des fondamentaux	34
1 - L'alphabet	34
2 - Les nombres	35
3 - les jours de la semaine et mois de l'année	35
4 - Les consignes	36
III - Mon parcours de GS	37
1 - Le programme de l'éducation nationale	37
2 - Le graphisme	40
3 - La lecture	43
4 - Les mathématiques	44
5 - Explorer le monde	46

PARTIE III - Mathis Academy, saison 2 - Le CP ASH par le CNED   47

I - Le contexte de travail
    1 - Mon environnement   47
    2 - Mes cours du CNED   47
    3 - La préparation et l'organisation de mon travail   48
    4 - Mes outils   52
II - Mon parcours au CP par le CNED   53
    1 - Le français   53
        a) Langage oral   53
        b) Ecriture   55
        c) Etude de la langue   56
    2 - Les mathématiques   57
        a) Nombres et calcul   57
        b) Espace et géométrie   59
        c) Grandeurs et mesures   59
    3 - Les autres matières   60
        a) Questionner le monde & enseignement civique   60
        b) Enseignements artistiques   61
The End   62

BIBLIOGRAPHIE

Livres :

Bordas - Prêt pour la moyenne section – PS vers la MS
Bordas – J'aime la maternelle – Grande Section – 5/6 ans – Tout le programme
Boscher – La méthode Boscher
Bulletin officiel n° 2 du 26 mars 2015 – annexe programme de l'école maternelle
Je suis à l'Est - Josef Schovanec
L'intervention précoce pour enfants autistes – Laurent Mottron

Sites Internet :

canalautisme.com/comment-travailler-avec-un-eleve-autiste-en-classe.html
classe-de-demain.fr
dessinemoiunehistoire.net
donnes-moi-ta-main.over-blog.com
eduscol.education.fr
fiche-maternelle.com
generation5.fr
jesuis1as.com
l-ecole-a-la-maison.com
lalibrairiedesecoles.com
lejardindekiran.com
lepetitroi.fr
les-coccinelles.fr
momes.net